사랑이더라

사랑이더라

김양숙 시집

세종출판사

두번째 시집을 내면서

『사랑이더라』
두 번째 시집을 내면서
조금은 설래이고 감회가 새롭다
생활 하는 것을 담담 하게 시로 풀어 보았다
글 솜씨 없는 내가 내면에서 일어 나는 일들을
시적 언어로 표현 하기 어려웠다
가슴에 닿는 울림이 있는 시를 쓰고 싶었다
은유나 비유 상상의 깊이가 있어야 새길 맛이 있겠지만
헐렁하고 빈구석이 많다
그러나 내 안에 희노애락을 쓰면서 편안해 졌다
문예창작대학을 무료로 열어 창작열기를 짚어주신
정영자명예이사장님께 감사 드리며
좋은 시 쓰는데 최선을 다 하고 싶습니다

2018년 가을 끝자락

김 양 숙

차례

1부 낮달은 연등 위에 걸려

2부 꽃게

3부 분홍색 리본을 달면서

4부 찔레꽃 향기

5부 초록이 뚝뚝 떨어지는

1부
낮달은 연등 위에 걸려

부처님 오시는 날에

부처님 오시는 길에
어둠 한점 지우고져
내 한몸 연등으로 불 밝혀

무엇을
벗어야 하오리까
뜻 모르고 살아온 세월,
오늘 하루만이라도
가까이에서 뵈옵기를

낮달은
연등위에 걸려 쉬면서도
삼독의 불을 재우는가 봅니다

4월 초파일

초파일
이땅에 빛으로 오신 부처님께
연등 밝히려는
걸음 걸음들

고해의 사바세계에서
깨어 살기 쉽지 않지만
소망의 뜻을 담아

색색의 연등이
지혜와 자비의 빛을 밝혀
삼독의 불을 잠재우는데

낮달은
연등위에 걸려 쉬고 있다

새벽예불

눈썹 달이
월정사 법당 처마 끝에 걸리고
별들은 저마다 등불을 켜고
새벽 어둠을 밝힌다
문수보살님께 두 손 모아
지혜의 나무로
서고 싶다고 기원하고

"톡톡" 목탁소리
번뇌를 버리면
밝은 마음 된다고
죽비로 후려치니
파르르 떠는 촛불

전등사

눈부신 햇살 속에
불편한 다리를 끌고
돌계단을 오른다

정족산 자락
사랑의 배신으로 벌거벗은체
네기둥을 받치고 있는
나부상 설화가 내려오는
전등사가 모습을 들어낸다

대웅전 법당
부처님께 삼배 드리고
스님의 법문에 하심으로
귀를 열고
내안에 끼인 독소
촛불에 태우고
산문을 나서니

아카시아꽃
초록 바람에 함박웃음 날린다

천은사

– 삼척의

두타산이
천은사를 품고 있다

일주문을 들어서니
아침 햇살이
절마당에 별처럼 쏟아진다

스님 염불 소리
죽비 되어
속된 마음 비우라 한다

향내음
법당 안을 채우고
아미타불 관음보살 지장보살님께
일심으로 염송한다

바람이
지붕 끝에 달린

풍경을 울린다
땡그렁 땡그렁

산문밖을 나선다
아기새 한 마리 염불소리내며
바삐 날아간다

만어사

천태산 꼭대기가 안개를 낚시질한다
휘감는 산허리를 오르며
타는 목
약숫물 한모금 날려보넨다

겨울속 봄을 내놓는
때 이른 햇살이 별처럼 쏟아진다

낙동강 줄기를 유영하다 용왕님을
따라 온 만 마리 물고기
고래듯
고등어듯
만가지의 물고기 바위가
부처님 법문을 향해
미륵전에
비늘을 세운다

속세의 궁금증에
죽비소리를 내어주는
번뇌 망상을 버리라한다

저절로 육신의 안녕을 위한 두 손 모으고
산문 밖을 나서니
작은 새 한 마리
빈가지를 채운다
경을 외우며

꽃잎차

찻잔에 피는 꽃
마음 가득 담기어
둘러앉은 인연들
향기로운 인연으로
피고
피고
피어라.

청량사 뜰을 찾은
인연의 향기에
피는 정
꽃이어라
가슴으로 담고 저
피고
피고
피어라.

그윽한
꽃향기

찻잔 속에 피어나니
담소하는 벗이여
경계를 모두 풀고
피고
피고
피어라
꽃잎처럼 아름답게
어우러져 피어라.

통도사의 범종소리

영축산 허리감은 안개비
봉오리 맺힌 벚꽃
안개비에 젖어 눈뜬다

둥둥 덩덩

범종소리
적막한 귀에 불경되어 들어온다

마음방에 넣어두고
날마다 꺼내
깨우치라 하시네

세파에 흐린 중생의 마음
통도사 개울에 씻고 씻는다

둥둥 덩덩

2부

꽃게

사랑이더라

노란은행잎
어깨를 툭툭 치며 떨어지는가 싶더니
세월이 빠른 걸음으로 지나간다

바람이 서늘해
가을인가 했더니
그리움이네

그리움 안았더니
눈동자는 젖는다

세월 안고
눈물 흘렸더니
보고픈 사랑이더라

미용실에서

사그작 사그작
가위 질에 비명을 지르며
두피 깊숙이 뿌리를 둔
검은 생명들이 숨을 끊는다

기대에 찬 얼굴은 잠시도
눈을 떼지 못하고
분신의 피로 화장하는
거울을 본다

창 밖에는
지난번에 가위 질 당하던
사철나무가 푸른빛을 발하며
능청맞은 나의 거울을 훨끗거린다

콘크리트로 키를 세운 빌딩이
사철나무가 지르던 비명소리를
회전문 바람결에 들었듯이
나는 화전의자에 앉아 즐긴다

드라이로 그것들의 장례를 치르고
스프레이로 다시
죽음을 장식하는
미美

사각사각
또 누군가의 분신이
이승을 떠나고 있다

묵은 지

고춧가루와 젓갈에 묻혀
항아리속에 성큼 들어 앉아
욱신욱신 몸살을 겪고
제살의 단맛을 내어
농염 하게 발효 하면

갓지은 쌀밥에 달랑 들어 앉히고
살강 살강 씹으면
군침속에 제살 빛나는
달콤한 인생

꽃게

밥상 위에
꽃게가 몰고온 바다

쏴아
파도 부서지는 소리와
끼륵 끼륵
갈매기 울음 소리가
덤으로 묻혀있다

꽃게는 발 달린 파도
걸어오는 바다

팥죽

백내장 수술로
눈의 통증
마음까지 겨울 벌판에
서 있다

동짓날에도
먹지 못한 팥죽

벨 소리가 고요를 깬다
정다운 목소리다

팥죽을 가지고 온
김미선선생
붉은 팥죽 속에 따뜻한
마음이 들어 있다

새알심에 하얀 그녀의 얼굴이
비춰 진다

추운 마음에 팥죽으로
온도를 올리고
눈가에 이슬이 고인다

3부

분홍색 리본을 달면서

그리움

보고싶다
그립다
울려

그대 나팔귀 되어

들어 보소서

15도의 사색

바다가 창창이 보이는
커피숍 유리문을 열고
프림 뺀 커피를 들고 나왔다
파도가 굽이 치는 것처럼
고개를 15도 정도 숙이고
걷는 저 사람이 멋있어 보인다
나도 그렇게 걸어 볼까

그런데 걸을수록
등이 뒤로 재켜지고
고개는 빳빳해지고

참,아니다
고개를 15도로 숙이면
저 사람처럼
누군가 또 나처럼

바닷가에 오면
나를 관철 하게 하는

고독의 각도
육지에서의 우울이 빠진다
저 사람처럼
누군가 또 나처럼

산책길 풍경

산책길을 천천히 걷는다

붉은 밭이 보인다
찰진 갯뻘 위에 뿌리 내린
통통마디 함초가
가을볕에 목이타
붉게 붉게
융탄자를 깔아 놓고
사람들의 관심과 사랑을 받는다

격이 다른 갈대는
희끗한 머리카락 허공속에 나부끼며
내 여린 감성에 파동을 일으킨다

여러 번 옷갈아 입는
칠면초를 덤으로 만나
내 눈과 심장이 호사를 누린다

산책길 돌아설 때
애기 바람이 소곤거리며
유유히 지나간다

분홍색 리본을 달면서

며느리,
소원아
어쩌면 이렇게
아름다운 계절에 태어났니
별보다
더 반짝이는
보석인걸 말하려하니
왠지 쑥스럽지만 진실이란다

이렇게 작은상자에
어떻게
사랑을 다 담을수 있을까

분홍색 리본을 달면서
너를 떠올려보는 마음은
이 세상을 다가진
행복을 맛본다

알콩달콩
행복한 나날이 되거라

시집와서 보내는
첫 번째 생일을
진심으로 축하한다

2014년 4월 생일날

버려지는 벽시계

아파트 재활용 창고에
버려진 벽시계
아직도 살아서 숨쉬고 있다
"째각 째각"

심장의 고동소리에 맞추어
긴 다리와 짧은 다리
생명줄에 발 맞추느라고
"허얼떡 허얼떡"

새 집이 생각난다
오래전 보따리와 함께한
새 집으로 이사온
새 벽시계가 까부는 소리 들린다
"까불 까불 까불"

나를 싣어갈 리어카가
문 앞에 도착했다
스르르 눈을 감은 척
죽은 척 해야지

낮달 1

구름 능선 사이로
분 바르지 못한
초승달
찬바람 능선도 바삐 넘는다

단아한 여인의
외출이라고 할까

눈 깜짝할 사이에
건너 간
구름과 바람 결
아쉬움의 장막이 걸린다

낮달 2

겨울바람 낮게 불던 날
구름 능선을 넘고
나들이 나온

시려서 더 예쁜
동그란
얼굴

어머니가 내게 그랬지
보름달처럼
포동포동하라고

낮잠

정오의 태양에
부푼 공기는 하얗게 되어
눈꺼풀이 나른하다

예쁜 나비 한 마리
나풀나풀
날개의 근육을 살짝 풀고

나비가 자는지
낮잠에 내가 메이는지
빠지는 비몽사몽의 유유자적

딱,
멈추는 선풍기의 날개소리에
자동적으로 기지개 펴는 눈꺼풀

한낮에 피었다지다
한낮에 지고 만
정오의 유희

6월에

신록의 걸음이 바쁜
일 년의 반허리

양산 밖으로 반사되는 햇살이
여름의 보도블록을 데운다

덥다
덥다
아열대의 무텁텁한 기후처럼
태양이 쏟아내는 습기에
사소한 가시가 후끈거린다

사는 게 다
사는 게
마음을 접고
살아야 할 때가 얼마나 많은지

접어야 하리
마음을 울컥거리게 했던 거

일 년의 반허리에서
마음을 접는 법을 배운다
가끔씩
저대로 곪아 터지기도 하면서

대 보름달

작년 대 보름달
방긋 방긋 웃었는데

올해는
그달이
부끄럼도 참 많네

어머니가 불 밝히며
정한수로 맞이하면
웃던 보름달

오늘도
그때처럼
밝으면
참 좋겠네

독백

눈보다 비가 내리고 있다

삶에서 낡고 비뚤어지고
으르렁거리던 것들을
비에 용해시켜
사라져버리게 하고 싶은
새해

무엇인가 되기도 전에
태양은 거침없이 떠오르고
비는 안식일에 들었다

아, 희망은 이렇게도 순식간에
얼굴의 표정을 바꾸는 것일까

내 안에 웅크리고 있는
양달의 그림자도 아닌 응달의 그림자도 아닌
우둔한 것들이
한 가닥 희망을 끌어당기며

행복이란 이렇게 사소한 것이라는 것을

드는 건

설날아침
호기심 많은 까치가 운다

내 나이가
까치에게 손님인가 보다

나이가 드는건 주름이 따라 오고
단풍이 드는건 낙엽이 따라 오고

떡국을 먹는다
숟가락이 자꾸 무겁다

드는건
무거운 것이다

나이 값 하려면
무거워지는 것부터 배워야 할까 보다

내가 낯설게 만난
육십 셋

까치는
손님인 줄알고

까치 까치 운다
까치 까치 운다

바다

바다의 역사가 있다
반짝 거리며 사라지지 않는
모래들

파도는
해안선을 하얗게 엎으며
밀려왔다 밀려나기를
언제부터 했을까

하루의 일상은
때로는 반복이어서
지루 했던적이
이탈하고 싶었던적이

파도는 아직도
왔다 갔다 하면서
그 자리를 지키고 있다

모래는 또 부서지고 있다
저 작은 알갱이가
세월을 두고 부서지는건
바다가 되기위해서다

폭우속 바다

바다는
폭풍처럼 쏟아지는 비속에서
새파란 거품을 토해 내며
하얗게 포효하고 있다

누군가에게 달려가고 싶은
엄청난 그리움의 분하구라도
터진 것일까
누군가에게 격려한 투쟁을 위한
두건이라도 썼단 말인가
하얗게 하얗게

그리움은
수천 만번을 쓸고가도
수천 만번 이상 더 일어나고
바다의 그리움은
폭우 속에서
태풍처럼 일어나고 있다

그리움은 투쟁이다
호랑이의 울음소리로
폭우 속에서
으으으르릉 으으으으릉

슬픈 팡파레

바람에 씻겨
낙하하는 은행잎
가을의 폐막에
만남의 팡파레를 울린다

서로 마주보고 있음도
서로 곁에 서 있음도
떠나는 가을을 위해
견디는 것이다

야윈 햇살
빨리도 저무는 늙그막의 가을
서로의 몸을 바스락 대며
온기를 더듬은
보도위에 바람이시려 야속한
은행잎의 만남은 추위에 떨리는
슬픈 팡파레가 길다

불꽃 축제

울려 퍼지는 축제의 선율에
꽃송이를 피우고
새들이 날고
폭포수가 흐른다

수많은 인파를 하나로 묶어
감동으로 채우는
환희의 탄성이 울려 퍼지고

잠자던 바다는 열기에 놀라
파도와 춤을 춘다

어머니

유리 창 밖

여름의 마지막 절규인 듯
폭우가 쏟아진다

심신도
축축히 젖고

어머니
어머니
낮은 음성으로
그리움 달랜다

눈 앞에
아른 거리는
어머니 미소
물방울 되어 흐른다

공사중

"통행에 불편을 드려 죄송합니다"

팻말을 비키며
욱신거리는 걸음걸이
알아서 한다

느려터진 다리
더 느려서 미안하다며
욱신거리는 걸음걸이
공사중

우두둑 우두둑
연골 쇄신하는 관절
계속 알아서 한다
공사중

새아침의 기도

매일 맞이하는 아침을
호흡할 수 있는 것이 축복처럼
설래는 것은 무엇인가

갖가지 무채색의 빛깔로
육신을 괴롭히던 어제를 지우고
유채색과 화해하는 빛깔로
채우고 싶어
아침의 적막을 깨트린다

스스로 붉게,하얗게, 더 아름답게
치유하는 햇살 한 줌
잔잔한 바람마저도 귀를 세우고
나에게 다가온다

아
좋다

새아침은
나의 몸뚱아리에 남은 염증을 거둬내고
연이어 다가오는 시간들을
다채로운 물감으로
붓질하기에 부지런 떤다

사는건
아침을 새롭게 맞이하는
뜻이 아닌지 오늘을 가슴에 안는다

외갓집

비가 쏟아진다
오늘 같은 폭우에는
놀란 누렁이가 마당끝을 모르고 달려나와
왕왕 짖는다

외할머니가 머리에 흰수건 휘어 감고
불쏘시개로 아궁이 뒤척이며
감자 수제비를 쫄긴쫄긴 모락모락끓인다
연기는 오르다가
구름속에 잠기고
오르지 못하다가
빗속에 짖눌리고
그래도 좋다

아궁이에서 타닥거리던 불꽃이
저혼자 저물때면
어느새 따뜻한 졸음에 겨워
우박처럼
떨어지는 바깥비 가물 가물 잊고

외갓집 문지방을 넘나들던
유년의 그림같은 풍경들이
아롱져있다
비오는 날이면

나의 짝사랑

아침에 눈을 뜨면 습관처럼
그의 등에 내 지문을
묻혀 두드린다
내가 두드려야 속내를 들어내는
나의 짝사랑

마음 난간이 어지러울 때
자음 모음 더하여 주거니 받거니
단절된 생각을 이어
그대와 가까이

때로는 삶의 갈증을 외치는
아우성에
금속성 밧데리는
너의 무엇을 충전 했는가

아는 대로
묻는 대로
나의 가슴앓이를 훑어주는
나의 짝사랑 스마트폰

설날에

해마다 맞는
설 준비에 혼자 음식을 했다

그러나
올 설날에는
예쁜 새아기랑 도란도란
고소한 냄새를 집안에 가득 채우며
행복한 꽃을 피운다
한 살 씩 나이를 섞어 먹는
가족들의 건강과 행복,
서로가 기원하며

때로
삶의 모퉁이 마다
부딪칠 때
함께 손 내밀어 주며
가파른 언덕도
거뜬히 올라가기를

12월의 달력

한해가 조용히
꼬리를 빼려고한다
앞 섶을 하나씩
고이고이 떼어 내다가
이제는 나의 옷을 벗어야 할 때

제야의 종소리가 멀리서
달려온다
딸가닥 딸가닥
마른 대지에 뽀얀 먼지가
일어났다가 사라진다
차분히 가라 앉는다

12월 포겟속에
함께 집어 넣고
박제처럼 벽에 달라 붙은 몸을
뗄 준비를 한다
파르르 떠는 12월의 달력

보름달이 떴다

평상에 모여 앉아
어머니와 네 자매가
귀뚜라미 흥을 즐기며
반달을 빚는다
햇솔향이 자르르 흐르는
맛이 넘칠라치면
보름달이 떴다

추석을 내일 앞두고
자매들은 제 자식을 기다리며
떡집 앞에 섰다
보송 보송한 떡시루에서
추억어린 김이 성긴다
어머니가 빚은 송편이
둥글게 둥글게
보름달을 닮는다

보름달이 떴다

아들의 아들 첫돌 맞이

오늘은 상민이가 아기 천사로
우리 가족이 된지 만 일년,이 되는
복 되고 기쁜 날이구나

하늘도 밝은 햇살로
첫 돌을 축하 하는 양 활짝 웃어 주네

미숙아로 태어나
일년이 된 오늘
살이 포동 포동 오른
너의 팔 다리
앵두 입술 사이로 흐르는
너의 옹알이
달덩이 같은 너의 얼굴
달빛 닮은 너의 눈동자에
행복의 무지개가 뜬다

6월 초입에
아가야

지금의 환한 미소 그대로
지혜롭고 건강하게 크거라

4부
찔레꽃 향기

2월이 가는 모습

얼다 녹기를 반복하며
겨울 외투를
애써 벗기를 거부하더니

끝자락에 닿으면서
메마른 도시의 언덕에다
매화꽃 함초롬히 피우네

석별의 정으로
그렇게 징표를 남기고
떠나고 싶었을까

시린 바람이
꽃가지에서
아직 손을 비비고 있어

가만히 꽃 피우라고
삼십 일도 아닌 채로, 스무 아홉 날
손잡고 떠나네

3월의 소리

상큼한 쑥향기로
겨울의 커텐을 벗긴다

산골짝 언땅 속에서
겨울을 훨훨 벗기고
하얀 속살로 내려오는
시냇물

노란 꽃술 드러내며
방긋 거리는
산수유의 나들이에

새들의
지저거림이
굳어있던 겨울의 기지개 벗기고
3월은 시린날이 사라져간다

봄마중

비발디의 사계에서
봄을 뽑는다

거실에 흐르는 리듬이
여민 창밖으로 뛰어 나간다

아직 명치끝이 시린 봄

동백은 이른 봄 봉오리마다
예쁜 문양 찍으며
화알짝 웃는 봄

어깨를 스치고 달아나던 산새도
허공에 몸 풀고
봄 마중 하네

예순 여섯의 봄은 어디쯤 왔을까

봄의 전령

가지 끝에 피어도
눈부신
홍매화

바람속
열꽃처럼
붉기도 하지

향기로 속삭이는
아리따움에
성큼 다가오는 저 봄 보아라.

봄의 북 소리가 울린다

2월의 북 소리가 울린다

얼다 녹고 다시 여는
양지 바른 곳 도시의 언덕에
백설의 꽃을 피운 매화가
향기롭고
봄 울타리 처럼핀 개나리꽃은
2월을 데우는데

지나 온 세월도
북소리를 향해
날개를 젓는다

나의 봄

그랬다.

비오는날
소꼽친구 불러내어
개나리꽃같은
노란우산을 함께쓰고
동요를 즐겼다

소식이뜸한
그때 꽃샘바람처럼 같이 그랬던
친구가 오늘 그립다
꽃이 예쁘게 그려진
진달래빛 사연을 적어
엽서를 써 볼까
편지지에 써 볼까
아차 주소도 전화번호도
아는 것이 없는....

봄이
나의 봄이
깨우며 친구를 찾는다

4월

유채꽃 향기에
이완 되었던 마음이 수축되면서
4월을 아는체한다

노란색 스카프를 두르고
어디로 떠나고 싶은
문밖

수채화를 그린 듯
예쁜 꽃들이
물결로 출렁인다

낡은 담벼락에핀 개나리
저마다 뽐내면서도
큰집 정원에 핀
목련을 부러워하지 않는다

다름이
저마다 아름다운

4월
유채꽃이
눈부시다

5월의 장미

생의 가장 아름다운 모습에
사람들의 눈길은 모여
감탄으로 이어진다

내 삶에도
붉은 장미 한송이처럼
가시를 뛰어 넘어
나의 투병도 감탄하고 싶다
들쑥 날쑥하는 가시를 걷어내고
저토록 붉게
기도를 외우고
마음의 심지를 태우며
5월의 장미가 안고있는
그윽한 향기를 느낀다

공곶이 가는 길에

동백나무 터널을 지나면서
말갛게 씻긴
관절의 고행은

눈부시게 하얀 외로움에
주저앉는다.
수선화 핀 언덕에서

찔래꽃 향기

어머니의 향기다

땅보탬으로 누워 계신 어머니
여자는 매무시가 고와야 된다 하시며
아침에 일어나시면 머리손질과 찔래꽃 향기가 나는
향수를 뿌리셨다

내가 몸이 아프거나 마음이 아파도
지친 삶의 가지 마다
어머니를 생각 하면
마음이 편안해 졌다

바람을 타고 날아온 찔래꽃향기에
낮은 소리로
어머니 어머니
부르며
보고픔을 달래어 본다

레일바이크를 타고

– 원주에서

마음들을 모아
레일바이크의 페달이 힘차게 달린다

가을이 앉아 있다
여름이 떠난 자리다

바람속에
단풍잎 손바닥 부비고

목청껏 터져 나오는 함성에
파란하늘이 활짝 자리를 펴면
앞산이 통째로 몸속에 들어온다

겹겹이 둘러친
무거운 일상은 벗어 놓고
가볍게 달려서 아이가 된다

단풍든 가을저녁

꽃들이 입을 다무는 가을 저녁
곱게 물든 단풍이
봄꽃 보다 예쁘다

단풍잎 하나 잎에 물고
별빛을 이고 달빛을 따라
거리를 나선다

제 할일 다 한 단풍은
낙엽되어
깊어 가는
가을의 절규마져 안고 떨어진다

가을잎

너울 치는 갈바람에
찬별이 되어 떨어지는 잎새

푸르던 시절의 사람도
알알이 맺히던 사랑도
그리움으로 채색되어

좋아 했었던
보고 싶었던
사랑 했었던

그대를 향한 눈시울이 깊게 물들 때
허허로운 삶이 갈증으로 목을 태울 때
깊어 가는 계절이 아쉬울 때

노란 은행잎 하나
내인생의 갈피에 끼운다

가을을 찻잔에

꽉찬 가을이 열린
노란 은행잎을
찻잔에 담아본다

가슴을 진동시키는 가을
진한 구수함에
지친가슴 청량감에 젖는다

찻잔에 띄운
보랏빛 들국화

그이에게
보내고 싶은

겨울로 건너가는 길목에
그리움이 영롱하게
찻잔에 일렁인다

가을비

눈물 방울처럼
우산 위에서
또르르 흐른다

아주 연약한
눈물
그러나
나의 가슴
밑둥으로 들친다

살갗트는 외로움이
가을비에
휘장을 치지만
낮게
낮게
스며 흘러
눈물을 푼다

가을 소묘

햇살이 찰랑 거린다
하늘 가지 끝에 주렁주렁 달린
홍시감이 가을을 보듬고 있다
긴 장대로 홍시를 따
입안 가득 담으면
달콤함이 유난한 홍시
어머니 생각난다

반들 반들 잘익은
대추도 가을 속에 들어있다

코스모스는 저마다 형형 색색
고운 치장으로
작은 바람결에 흔들리며
길손을 마중한다

들빛,
저마다의 빛깔로
붓질한 머릿결이
한층 멋스러운 오후

덩달아 도취된
은행잎
노랗게
추억의 갈피를 짓는다

가는 11월

하늘에는 구름 한점 없는
가을 빛이 멀쩡하기만한데
11월의 꼬리가 달력에서 빠진다

겨울의 서막이 울리기에는
아직 이른
감나무에는
애달픈 홍시 두개
까치를 기다리는,
까치의 그림자만 달랑거린다

11월의 그림자는
무심하게
채색된 짙은 물감을 빼가며
사라지려한다
외롭거나
슬프거나
행복한대도

그냥 그대로 두고 떠나는 길목
홍시의 간드러진 빛깔보다
더 붉은 울음이 터진다

겨울 솔방울

손길에서
손길로
나에게 건너왔다

물에 잠기면
오그라들었다가
나오면 차차로 펴지는
솔방울의 신기한 생명력에서

갑갑한 나의 목젖의 현상유지에
일조량처럼 공급되는
수분의 환생이 있을 줄이야

나도 저도 그리운
물, 물, 물에 젖으면
건조한 겨울나기가 어렵지 않으니

버젓이 솔방울은
폼을 재고

접시를 깔고 앉아도 마땅하다
우리 집 안방 문갑 위에서

12월

아쉬운 필름만이
허공에 도는
달력 한 장
막다른 골목까지 왔다

이맘때면 텅 빈 가슴도
넉넉해지는 건
떠나보내는 여유에서 일거라고
하면서도
채워질 기대감에
드러내는 인간의 본색

설령, 오늘의 12월처럼
기약의 언질을 받지 못한
빈손이 될지라도
아니, 그렇게 되면 안 되는
새해를 향하여
무한히 손짓할 수 있는
12월,
너를 사랑한다

5부
초록이 뚝뚝 떨어지는

섬진강가에서

섬진강물의 윤슬은 반짝이며 유영한다

은모래는 구름을 덮고 누워
게으른 낮잠을 잔다

초록이 뚝뚝 떨어지는
나뭇잎사이 바람 한점 불어와
가슴을 식히는데

작은 새 한 마리 평상에 날아와
무심으로 놀다 간다

거제도에서

바다는 물을 끼고 푸르다
어둠을 벗겨나가는 분주한 배들과
아침을 엮어나가면서

자꾸만 뽀얀 창을 말끔히 닦다가
한 무리가 되고 싶은 마음에
창을 열었다

소금 끼가 향긋한 향으로
부리질 하던 갯바람이
쏴—아

짭잘한 시장기가 충동질 되어
차려지는 밥상
바다의 비늘이 구수하다

남이섬에서

영화속 겨울연가의 주인공 되어
천천히 걸어본다

푸른 하늘이 흰구름과
숲길에 내려온다
새들은 제 몸에서 나오는 소리로
꽃가지를 흔든다
반짝이는 호수 위로 물오리는 저들끼리
수군수군 거리고 떠있다

은행잎을 밟는다
사그락 사그락
10월이 발밑에 구른다
자전거 타는
청춘들의 경쾌한 웃음소리에
놀란 다람쥐 숲을 뛰어다닌다

아름다운 남이섬의
풍경을 가슴에 담아
배전에 오른다

레일바이크를 타다

– 삼척에서

레일바이크가 달린다

해송 사이로 불어 오는
봄바람에
온 몸이 부풀리고
가슴에 남아 있는
찌꺼기를 뱉어 낸다

쪽빛 바다에
그리움이 떠 있다
은빛 모래는 구름을 덮고
길게 누워 있다

흐드러지게 피어 있는
해당화 꽃물은
페달 밟는 서로 서로에게
물들이고

황홀한 동굴터널에서
꿈 꾼 듯
빠져 나온다

하루의 노동을
마친 태양은
서산을
넘어간다

보길도 예송리 몽돌

파도를 타고
간물에 절어 쪼그라진
전라의 몽돌
까맣게 타버린
겉과 속

오래 갈고 딱은
반들 반들 몸놀림
고스란히 껴안고
둥글게 둥글게
흔들린다
둥글게 둥글게
그을린다

조병화 문학관 탐방

허리 굽혀 인사 하는 것 같은 소나무를 지나 편운재로 들어간다 시인이면서 화가이신 파이프 담배에 배레모를 쓴 시인이 손님들을 맞는다 여러 유품들이 시인의 찬란 했던 생을 이야기 한다.

벽난로가 보인다 따뜻한 장작불앞에서 시인은 주옥 같은 시를 집필 하셨을 것이다 문학관 마당에 어머니와 아들의 조형물이 많다는 시인에게서 어머니는 종교와 같은 것 2003년 작고하신 시인은 장재봉 산자락에 자리 잡은 편운 동산에 아내와 어머니 곁에 누워 계신다

묘소를 참배하고 한조각 구름이라는 시인의 호를 새기며 맑은 하늘에 떠 있는 구름에 마음을 걸어두고 세상 속으로 내렸다

김양숙 시집 『사랑이더라』를 읽으며

정영자 | 문학평론가. 한국문인협회 고문

편안하게 시를 읽고 싶다. 그 많은 상징과 은유들을 내려놓고 낯설게 하기와 그 단단하지만 영롱한 절제의 미학까지도 잊은 체 시의 노래를 듣고 싶을 때가 있다. 말이 소음이되고 배신과 둘러치기의 앞잡이로 둔갑되는 것이 아니라 계곡물처럼 자연 지형을 따라 흘러가는 그런 물소리를 듣고 싶을 때가 많다.

때로는 말없음표도 예술적 장치가 될 수 있다는 것을 알아야할 나이에 이르고 있기 때문이다.

(사)부산여성문학인협회 회장 김양숙시인의 시는 참 편하다. 그래서 시의 본래적 공감 영역을 거치며 어렵지 않게, 유식하지 않게, 남을 가르치려는 오만함 없이, 그의 시는 자기 영역의 공간에서 발효의 시기를 거치며 쌓여간다. 그는 2009년 3월 『시와 수필』시부문으로 등단하여

2014년 시집 『마늘』을 상재하였으며 2013년부터 2016년까지 부산여성문협에서 개설한 일년과정의 <문예창작대학>에서 4기에 이르는 전과정을 이수하였다. 시론과 문학개론은 물론이지만 문예사조사, 현대여성문학사, 한국문학사, 현대시의 특성, 시창작과 수필창작, 자서전 쓰기 등 다양한 강좌를 듣는 열공파였다. 그리고 문화탐방의 명품 여행길에는 단골회원으로서 열정을 아낌없이 표현한 시인이었다.

2015년 10월 31일에는 부산여성문협이 주최한 제6회 시낭송대회에서 대상인 부산시장상을 받기도 하는 등 낭송과 시극에 보인 탁월함도 보여준 바 있다.

몸이 불편하면서도 밭걷이를 할 때면 매실따고 정구지를 짜르고 상치따는 회원들의 점심 공양을 위하여 세프의 역할을 즐겼다. 대학 국문학과 수준의 현대문학 강의가 끝나면 광안리바다가 보이는 사무실에서 점심을 같이한 문우이기도 하였다. 가까이 그를 보면서 그의 시도 생활 속에서 이루진다는 것을 알았다. 첫시집이나 이 번 시집에도 생활 속의 성찰과 잔잔한 고요가 담겨 있다.

노란 은행잎
어깨를 툭툭 치며 떨어진다
세월이 빠른 걸음으로 지나간다

바람이 서늘해
가을인가 했더니

그리움이네

그리움 안았더니
눈동자는 젖는다

세월 안고
눈물 흘렸더니
보고픈 사랑이더라

—<사랑이더라> 전문

애송시의 근간은 쉽고 이해 가능한 우리들의 모습이어야 한다. 그의 시는 세월 속에서 녹아서 촉촉이 젖어든다. 년륜에서 우러나온 진솔한 삶의 가닥이 아무런 예술적 장치를 사용하지 않고 친구에게 말하듯 들려 온다. 시의 감동은 '어깨를 톡 톡 치며 떨어지는 은행잎'이고 빠른 걸음으로 지나가는 단순. 명료한 그리움이다. 그것은 '사랑이더라'는 여유와 성찰과 지난한 세월의 문제의 밑바탕에 갈린 시심의 원천이다.

밥상 위에
꽃게가 몰고온 바다

쏴아
파도 부서지는 소리와
끼륵 끼륵
갈매기울음 소리가

덤으로 묻혀있다

꽃게는 발달린 파도
걸어오는 바다

— <꽃게> 전문

요리하기를 좋아해서 문우들의 큰 언니처럼 세프가 되는 김양숙시인의 시에는 음식관련 시가 많았다. 첫시집 『마늘』의 표제시인 <마늘>은 그의 대표작이다. <꽃게> 역시 탁월한 이미지의 역동성을 보여주면서 청각이미지의 바다를 연상하는 시의 형상화에 성공하고 있다. 시의 말은 헤프지 않으면서도 우리를 동시에 아우르는 매력이 있어야 한다. 그의 시는 구름 위에 있지 않다. 바로 우리들의 생활 속에서 태어나고 있다.

사그작 사그작
가위 질에 비명을 지르며
두피 깊숙이 뿌리를 둔
검은 생명들이 숨을 끊는다

기대에 찬 얼굴은 잠시도
눈을 떼지 못하고
분신의 피로 화장하는
거울을 본다

창 밖에는

지난번에 가위 질 당하던
사철나무가 푸른빛을 발하며
능청맞은 나의 거울을 휠끗거린다
(중략)

사각사각
또 누군가의 분신이
이승을 떠나고 있다

— <미용실에서>

"통행에 불편을 드려 죄송합니다"

팻말을 비키며
욱신거리는 걸음걸이
알아서 한다

느려터진 다리
더 느려서 미안하다며
욱신거리는 걸음걸이
공사중

우두둑 우두둑
연골 쇄신하는 관절
계속 알아서 한다
공사중

— <공사중> 전문

오랜 병상을 딛고 화려하게 다시 창작활동을 펼쳐가는 김양숙시인의 몸은 아직도 공사판 현장같다. 무심히 걷는 도심의 거리에서 '공사중'이라는 팻말과 현장의 어지러운 것들이 자신의 육체와 관련하여 양가성의 개성을 획득하면서 시의 내공이 깊어가고 있다.

김양숙 시집

사랑이더라

초판1쇄 발행 2018년 11월 20일

지은이 김양숙
펴낸이 이길안
펴낸곳 세종출판사

주소 부산광역시 중구 흑교로 71번길 12 (보수동2가)
전화 463-5898, 253-2213~5
팩스 248-4880
전자우편 sjpl@chol.com
출판등록 제02-01-96

ISBN 979-11-5979-256-4 03810

정가 10,000원

이 도서의 국립중앙도서관 출판예정도서목록(CIP)은 서지정보유통지원시스템 홈페이지(http://seoji.nl.go.kr)와 국가자료공동목록시스템(http://www.nl.go.kr/kolisnet)에서 이용하실 수 있습니다. (CIP제어번호: CIP2018035931)

* 잘못된 책은 교환해 드립니다.